FÜR TILDEN UND IDA
MÖGET IHR EUER LEBEN LANG
ZAUBERWELTEN ERSCHAFFEN —
MIT DEM, WAS GERADE DA IST.

HABENT SUA FATA LIBELLI.
BÜCHER HABEN IHRE SCHICKSALE.
(LATEINISCHES SPRICHWORT)

KLEINER HINWEIS AN DIE LESER: MANCHEN ERWACHSENEN WIRD DIESES BUCH <u>GANZ UND GAR NICHT</u> BEHAGEN. DU WIRST GLEICH SEHEN, WARUM. FALLS DIR EIN ERWACHSENER DAS HIER GERADE VORLIEST, KLOPF IHM TRÖSTEND AUF DIE SCHULTER UND SAG IHM, DASS ALLES GUT WIRD. FERTIGMACHEN IST NICHT UNBEDINGT ETWAS SCHLECHTES. BÜCHER MÖGEN ES, WENN MAN SIE LIEST UND BENUTZT – JE DOLLER, DESTO BESSER.

GESTALTUNG VON KERI SMITH UND JASON HENRY
LETTERING DIESER AUSGABE: ANDREAS POSSELT, BUERO8

© VERLAG ANTJE KUNSTMANN GMBH, MÜNCHEN 2020
DIE ORIGINALAUSGABE DES BUCHES ERSCHIEN UNTER
DEM TITEL „WRECK THIS PICTURE BOOK" BEI
DIAL BOOKS FOR YOUNG READERS, EINEM IMPRINT
VON PENGUIN RANDOM HOUSE LLC, NEW YORK 2020
© KERI SMITH, 2020
DRUCK UND BINDUNG: PASSAVIA, PASSAU
ISBN 978-3-95614-396-0
ALLE RECHTE VORBEHALTEN.
WWW.KUNSTMANN.DE

KERI SMITH

MACH DIESES BILDERBUCH FERTIG

AUS DEM ENGLISCHEN
VON ULRIKE BECKER

KUNSTMANN

BLUMPS.

SO KLINGT EIN BUCH, DAS NUR HERUMLIEGT.

ES IST NUR EIN SCHWERES DING AUF DEM TISCH.

IHM IST LANGWEILIG.

ES HAT REIN GAR NICHTS ZU TUN.

ES LIEGT DA UND **WARTET,** DASS JEMAND VORBEIKOMMT.

WARUM IST ES DA SO GANZ ALLEIN?

VOR LANGER ZEIT HAT
IRGENDJEMAND
(WAHRSCHEINLICH WAR ES EIN ERWACHSENER)
EIN PAAR REGELN ÜBER BÜCHER AUFGESTELLT.

VIELLEICHT WAR ES DER DA ←

Regeln fürs Bücherlesen

1. Wirf das Buch nicht herum.
2. Mach keine Knicke in die Seiten.
3. Geh vorsichtig mit dem Buch um.
4. Mal nicht in das Buch rein.
5. Lies das Buch still für dich.

WIE DU DIR VORSTELLEN KANNST, MACHEN DIESE REGELN MANCHE LEUTE GANZ SCHÖN NERVÖS: SIE TRAUEN SICH KAUM AN BÜCHER RAN, AUS LAUTER ANGST, SICH FALSCH ZU VERHALTEN.

STATT EINEN FEHLER ZU RISKIEREN, MACHEN SIE DESWEGEN LIEBER SO WENIG WIE MÖGLICH MIT BÜCHERN.

↓ GLASKASTEN

EIN SEHR TRAURIGES BUCH

NICHT BERÜHREN!

IST EIN BUCH ÜBERHAUPT EIN BUCH, WENN ES NICHT BENUTZT WIRD?

ICH WERDE DIR JETZT ETWAS VERRATEN:
BÜCHER WÜNSCHEN SICH INSGEHEIM,
HERUMZUTOBEN, ZU TANZEN, ABENTEUER
ZU ERLEBEN, AUF SO VIELE VERSCHIEDENE
ARTEN WIE MÖGLICH GELESEN ZU WERDEN.

JEDES BUCH MÖCHTE GERN, DASS MAN ES

WAS FÜR EIN GLÜCK, DASS DU GERADE JETZT VORBEISCHAUST! DIESES BUCH BRAUCHT NÄMLICH DEINE HILFE, DAMIT SEINE WÜNSCHE ERFÜLLT WERDEN!

WUSSTEST DU SCHON, DASS EIN BUCH OHNE DICH NICHT ES SELBST SEIN KANN? DU HILFST MIT, DASS AUS IHM ETWAS WERDEN KANN. MIT DEINEM WISSEN, DEINEN IDEEN UND DEINER FANTASIE.

EIN BUCH IST JEDES MAL, WENN DU ES LIEST, ANDERS, WEIL AUCH <u>DU</u> JEDES MAL ANDERS BIST (MAL AUSGELASSEN, MAL STILL, MAL GLÜCKLICH, MAL TRAURIG).

IN DIESE RICHTUNG SCHÜTTELN.

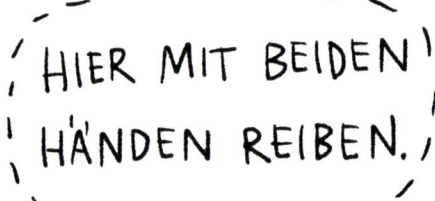

HIER MIT BEIDEN HÄNDEN REIBEN.

AUCH IN DIESE RICHTUNG SCHÜTTELN.

WO WOLLEN WIR
ANFANGEN?
VIELLEICHT MUSST DU DAS BUCH
ERST MAL RÜTTELN UND SCHÜTTELN,
DAMIT ES
WACH WIRD.
JETZT MACH DIE AUGEN ZU UND REIB
MIT DEN HÄNDEN ÜBER DIESE SEITEN.
SPÜRST DU, WIE ES AUFWACHT?
REIB NOCH SCHNELLER.
ICH GLAUBE, ES KLAPPT.
JA!

LEG NOCH MAL DEINE HAND AUF DIE SEITE. WIE FÜHLT SICH DAS AN?

BERÜHR DIE SEITE MIT DEN FINGERSPITZEN.
LEG DEINE NASE AUF DIE SEITE.
DANN DEINEN ELLBOGEN.
VIELLEICHT AUCH DEINE ZEHEN?

HAST DU LUST, DIE ECKEN UMZUKNICKEN?

VERSUCH MAL, DIESE SEITE EINZUROLLEN. JA!

DU KÖNNTEST AUCH EIN PAAR KNIFFE REINMACHEN, SODASS DIE SEITE EIN BISSCHEN HOCHSTEHT.

HIER UMKNICKEN

BLÄTTERE JETZT DIE SEITE UM.
LAUSCHE DEM GERÄUSCH, DAS DABEI ENTSTEHT.

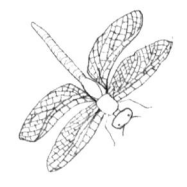

KANNST DU GANZ LEISE TÖNE MACHEN?

KAUM HÖRBARE?

TÖNE WIE EINE FEDER?

DIE LEISESTEN TÖNE AUF DER GANZEN WELT?

KANNST DU DIE OHREN WEIT AUFREISSEN, UM BESSER ZU HÖREN?

KANNST DU ALLE SEITEN SCHNELL ÜBER DEN DAUMEN LAUFEN LASSEN? **HÖR MAL,** WAS FÜR EIN GERÄUSCH DAS MACHT. JETZT TU SO, ALS WÄRST DU DER WIND, DER DURCH DIE SEITEN BLÄST. PUSTE KRÄFTIG, UM SIE UMZUBLÄTTERN.

HIER KLOPFEN

WIE VIELE VERSCHIEDENE GERÄUSCHE KANNST DU MIT DEM BUCH MACHEN?

PROBIER DIESE HIER ALLE MAL AUS ...

HIER ANSCHNIPSEN

HIER DRAUF-HAUEN

HIER DEN ELLBOGEN DRAUFSTOSSEN

HIER KLOPFEN

SCHNUPPER MAL AN DEM BUCH.

WONACH RIECHT ES?

ERINNERST DU DICH MANCHMAL AN BESTIMMTE GERÜCHE, WENN DU EIN BUCH LIEST?

KANNST DU HIER NOCH EINEN GERUCH HINZUFÜGEN?

NIMM DAS BUCH MIT NACH DRAUSSEN.
LIES ES UNTER EINEM BAUM, IN EINEM
GEHEIMVERSTECK ODER WENN DU EIN
ABENTEUER UNTERNIMMST.

WIE RIECHT ES DA, WO DU BIST?

HABEN BÜCHER EINEN GESCHMACK?
WIE SCHMECKT EIN BUCH WOHL?
KANNST DU HIER NOCH EINEN GESCHMACK HINZUFÜGEN?

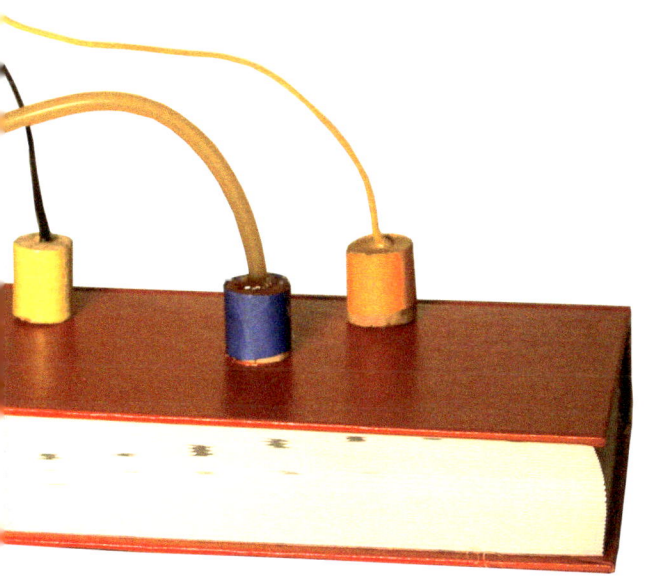

JETZT SIND ALLE UNSERE SINNE WACH. WIE WÄRE ES ALSO MIT EIN PAAR ABENTEUERN? DIESES BUCH IST GANZ BESTIMMT BEREIT, NEULAND ZU ENTDECKEN.

KANNST DU IHM ETWAS ANZIEHEN? UND VIELLEICHT EINE SONNENBRILLE AUFSETZEN, DAMIT ES IM HELLEN TAGESLICHT BESSER GUCKEN KANN?

DIESES BUCH HAT SICH WARM ANGEZOGEN!

KÖNNTEST DU DAS BUCH
VIELLEICHT ZUM FLIEGEN BRINGEN?
JA, GENAU – JETZT
WIRD ES LUSTIG!

Ach, da fällt mir etwas besonders lustiges ein...

TRAG DAS BUCH WIE EIN KLEIDUNGSSTÜCK.

(Dieses Buch möchte gerne überall mit dir hingehen.)

VERANSTALTE DOCH EINE PARTY FÜR DAS BUCH.

JETZT IST DER MOMENT ZUM TANZEN GEKOMMEN. LINKER FUSS, RECHTER FUSS, ARME HOCH UND DANN IM KREIS!

SUPERGEHEIME SPIONAGEAUSRÜSTUNG

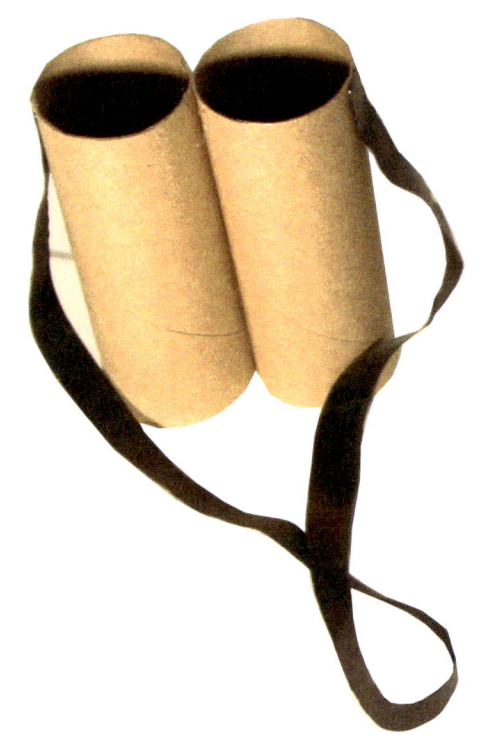

WENN DU DIESE NACHRICHT FINDEST... DANN HINTERLASS BITTE IRGENDWO IM BUCH EINE NACHRICHT FÜR MICH.

GEHEIME NACHRICHT

VERSTECK EINE GEHEIME NACHRICHT IM BUCH. ETWAS, WAS DU DER NÄCHSTEN LESERIN ODER DEM NÄCHSTEN LESER MITTEILEN MÖCHTEST.

Versteck das Buch an einem geheimen Ort, den nur du alleine kennst. Dann begib dich auf eine geheime Mission, um es zu finden.

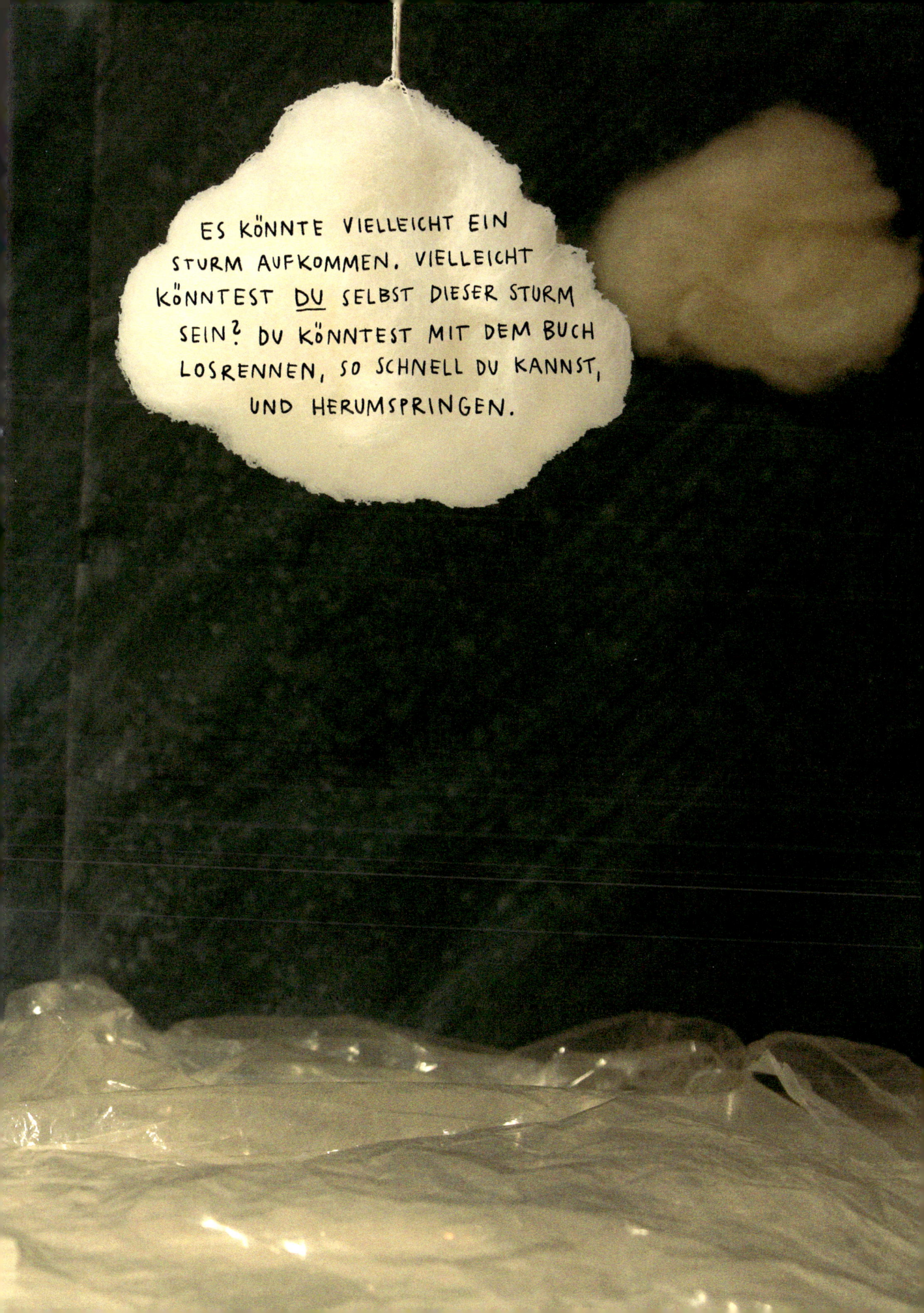

TU SO, ALS
WÜRDEST DU
DAS BUCH
VERKEHRT
HERUM
LESEN.

Du könntest ein Tuch um das Buch binden und ein Geschenk daraus machen. Und es dann den ganzen Tag mit dir herumtragen. Oder so tun, als ob es ein Zauberbuch wäre, das nur du lesen kannst.

DIESES BUCH KANN ALLES MÖGLICHE SEIN.

DU KÖNNTEST DAS BUCH WIRKLICH
LEBENDIG MACHEN ... MIR IST GERADE EINE
IDEE GEKOMMEN: WENN ETWAS WACHSEN
SOLL, DANN PFLANZT MAN EINEN SAMEN EIN.
DU KÖNNTEST DAS MAL VERSUCHEN.
ENTWEDER MIT EINEM SAMENKORN,
DAS DU MALST, ODER MIT EINEM ECHTEN.

JETZT SEI WIE EIN STEIN,
DER EINEN ABHANG HINUNTERKULLERT.
ROLL MIT DEM BUCH IM ARM NACH UNTEN.
KANNST DU EINEN PURZELBAUM DABEI
SCHLAGEN?

WIE KANN MAN EIN BUCH
ZUM RENNEN BRINGEN?

EIN HEISS GELIEBTES BUCH ERKENNT MAN DARAN, DASS ES ZIEMLICH ZERFLEDDERT IST. WIE SIEHT DIESES BUCH JETZT AUS? WUSSTEST DU, DASS MAN VON EINEM ALTEN BUCH OFT SAGT, ES HABE „ESELSOHREN"?

DAS BEDEUTET, DASS DIE BUCHSEITEN AN DEN ECKEN UMGEKNICKT SIND UND DAS BUCH ABGENUTZT AUSSIEHT.

HAST DU DAS HINBEKOMMEN?

MUSS SICH DAS BUCH MAL AUSRUHEN?

JA

(DANN BLÄTTER ZUR NÄCHSTEN SEITE)

NEIN

(DANN BLÄTTER ZURÜCK ZUR ERSTEN SEITE UND FANG NOCH MAL VON VORNE AN)

HEUTE IST EIN NEUER TAG.
WOLLEN WIR NOCH MAL VON
VORNE ANFANGEN?

WAS WIRD DIESER TAG DIR UND DEM BUCH WOHL BESCHEREN? SIEHT AUS, ALS WÄR'T IHR BEIDE SCHON EIN RICHTIG GUTES TEAM GEWORDEN. UND ES GIBT SO VIELE MÖGLICHKEITEN, ZEIT MIT EINEM BUCH ZU VERBRINGEN...